NATIONAL GEOGRAPHIC

I Help My Dad

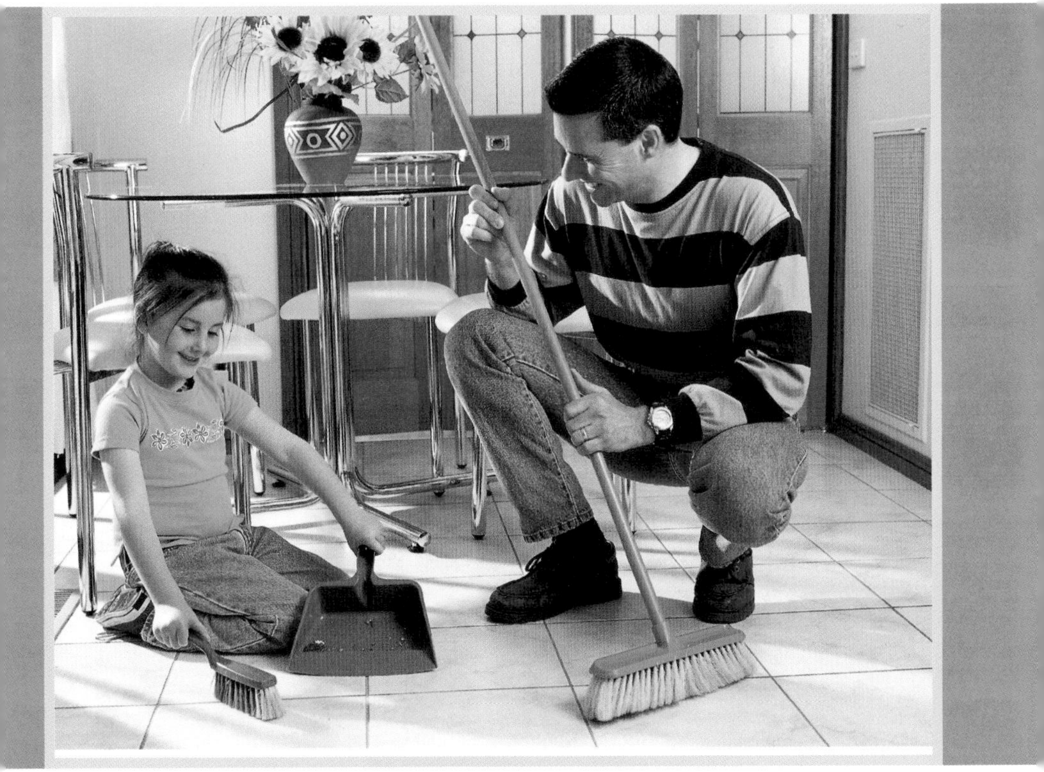

Zoe Sharp

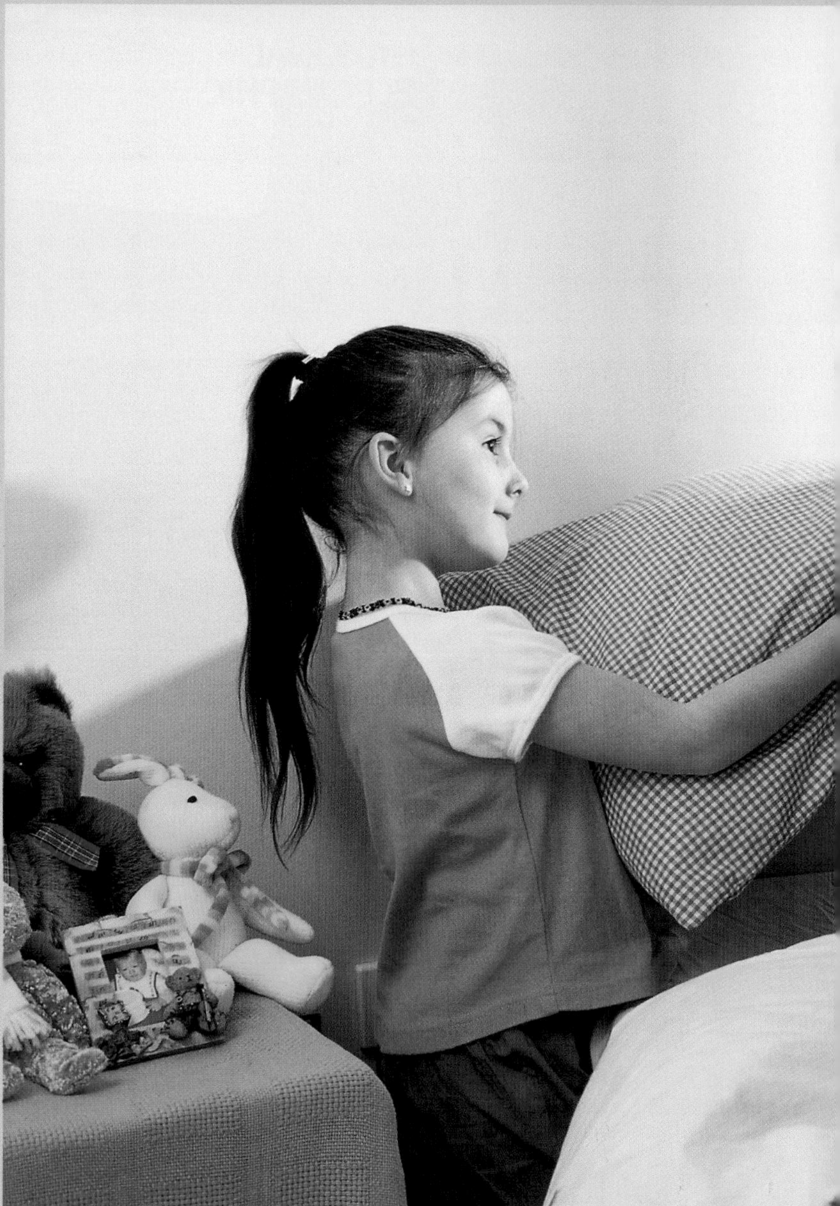

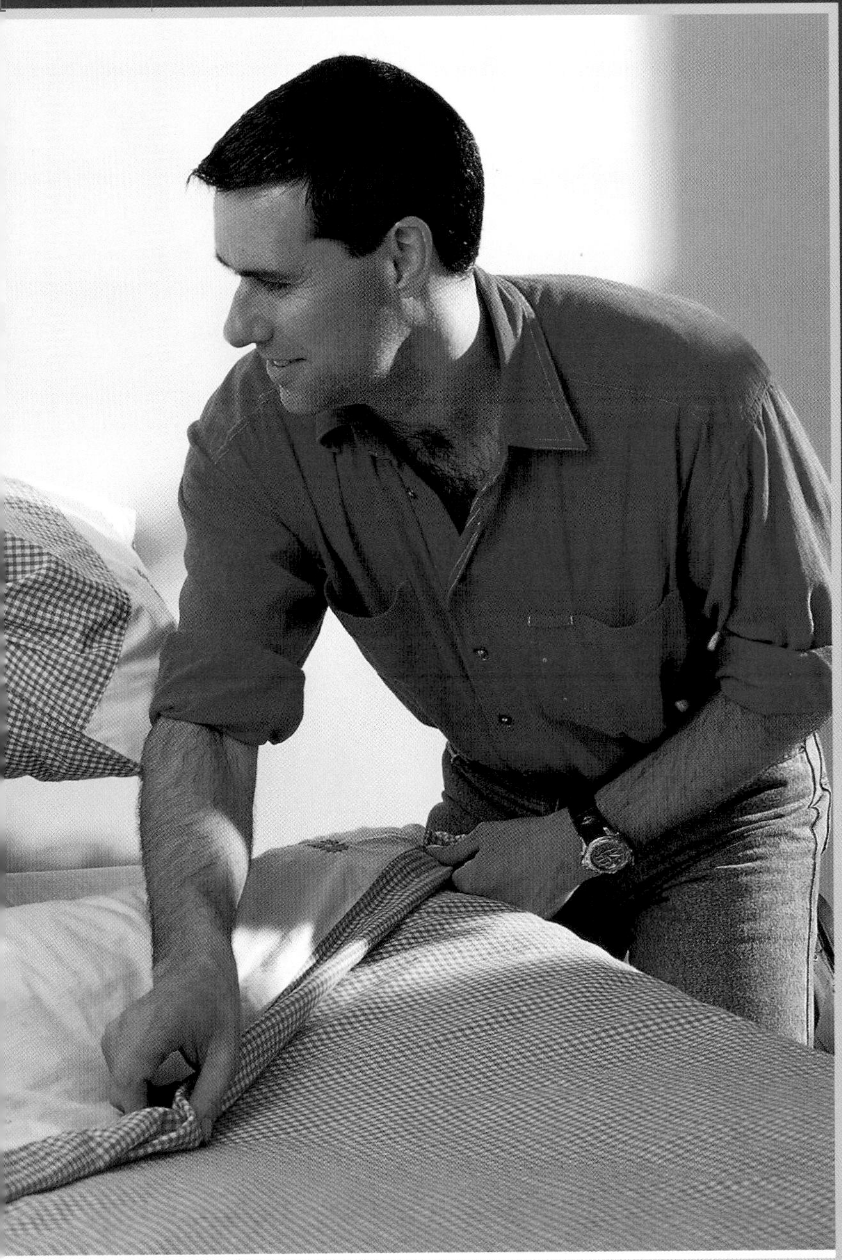

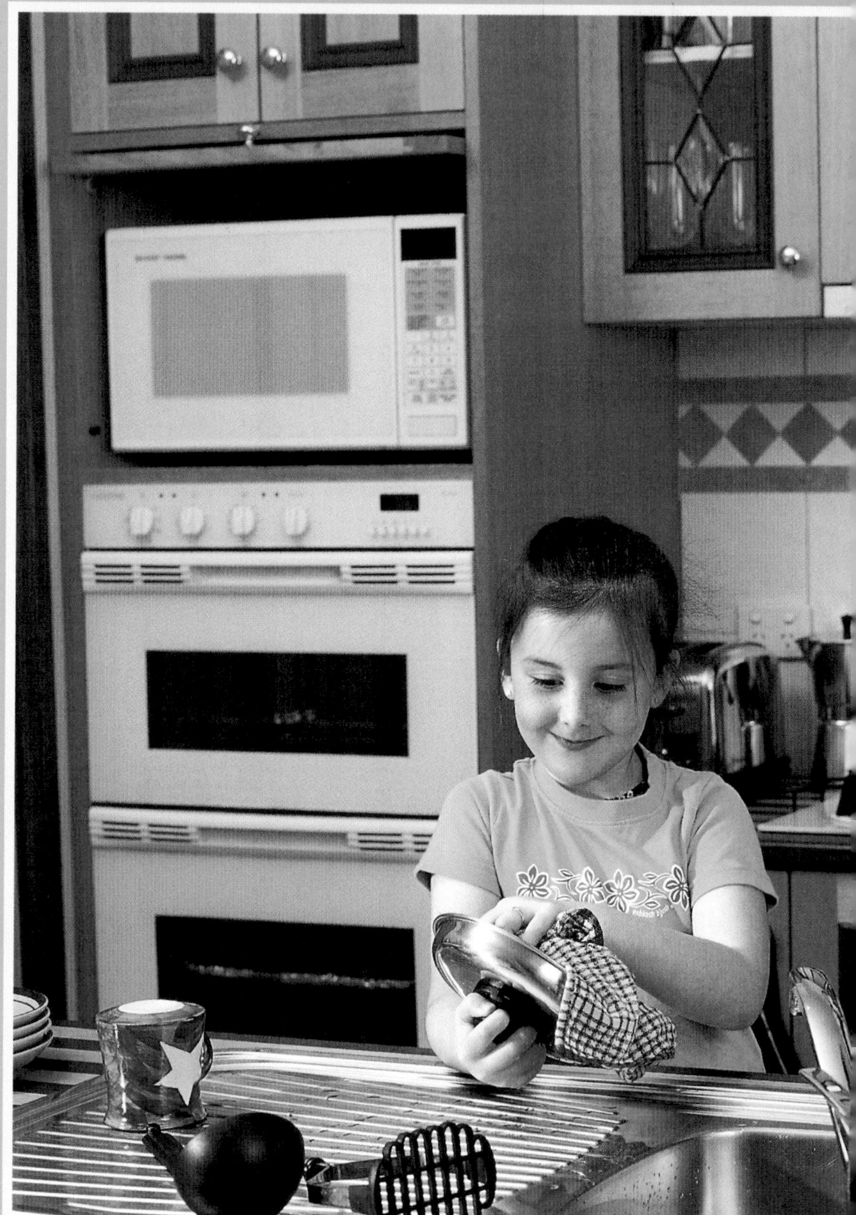

I help my dad.

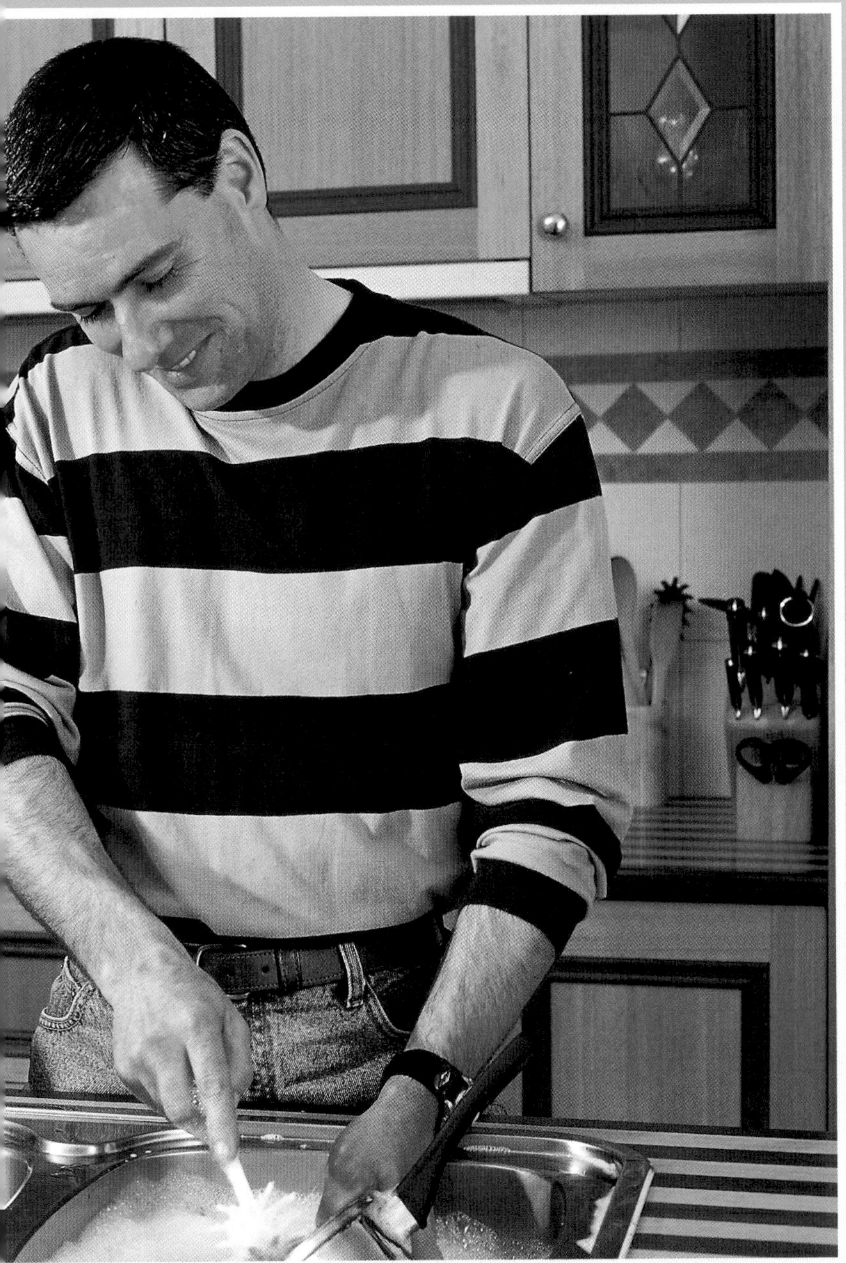

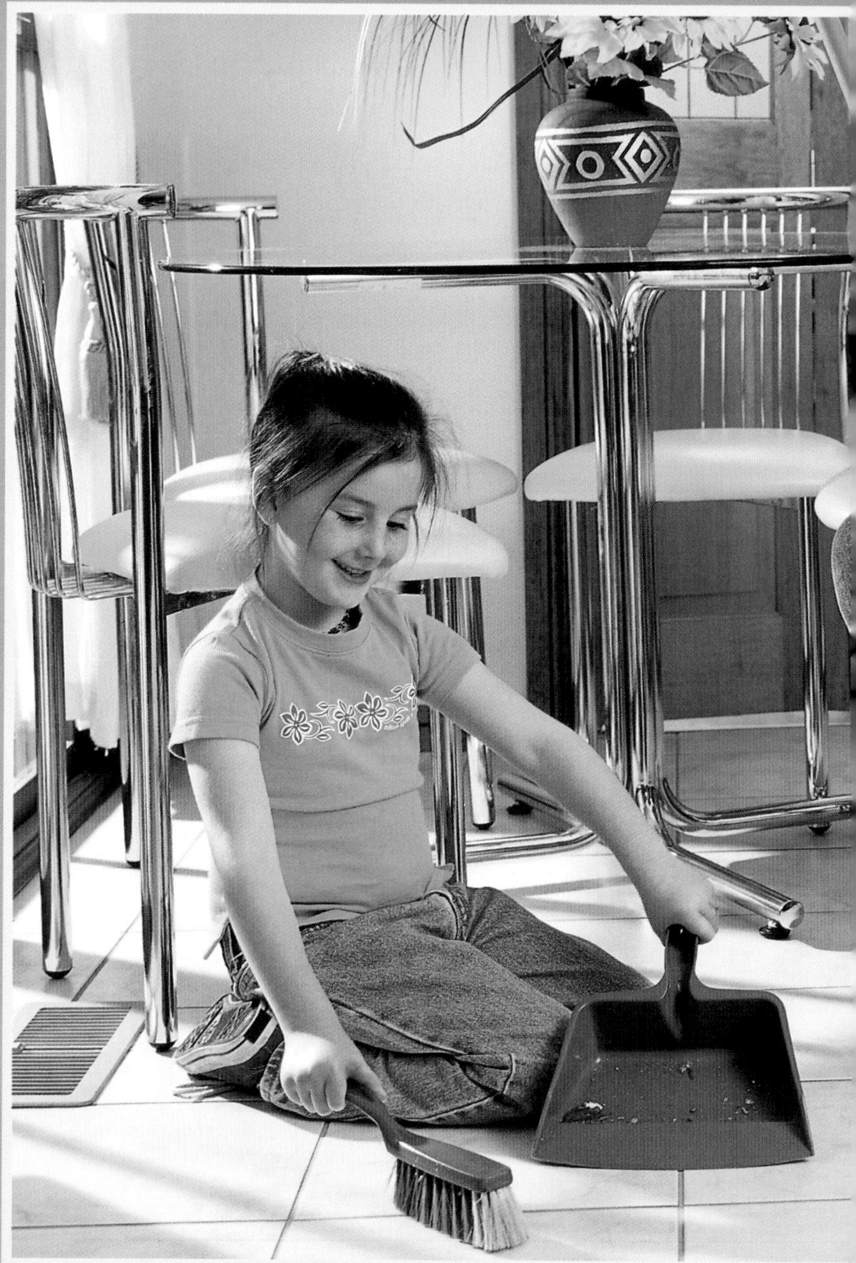

I help my dad.

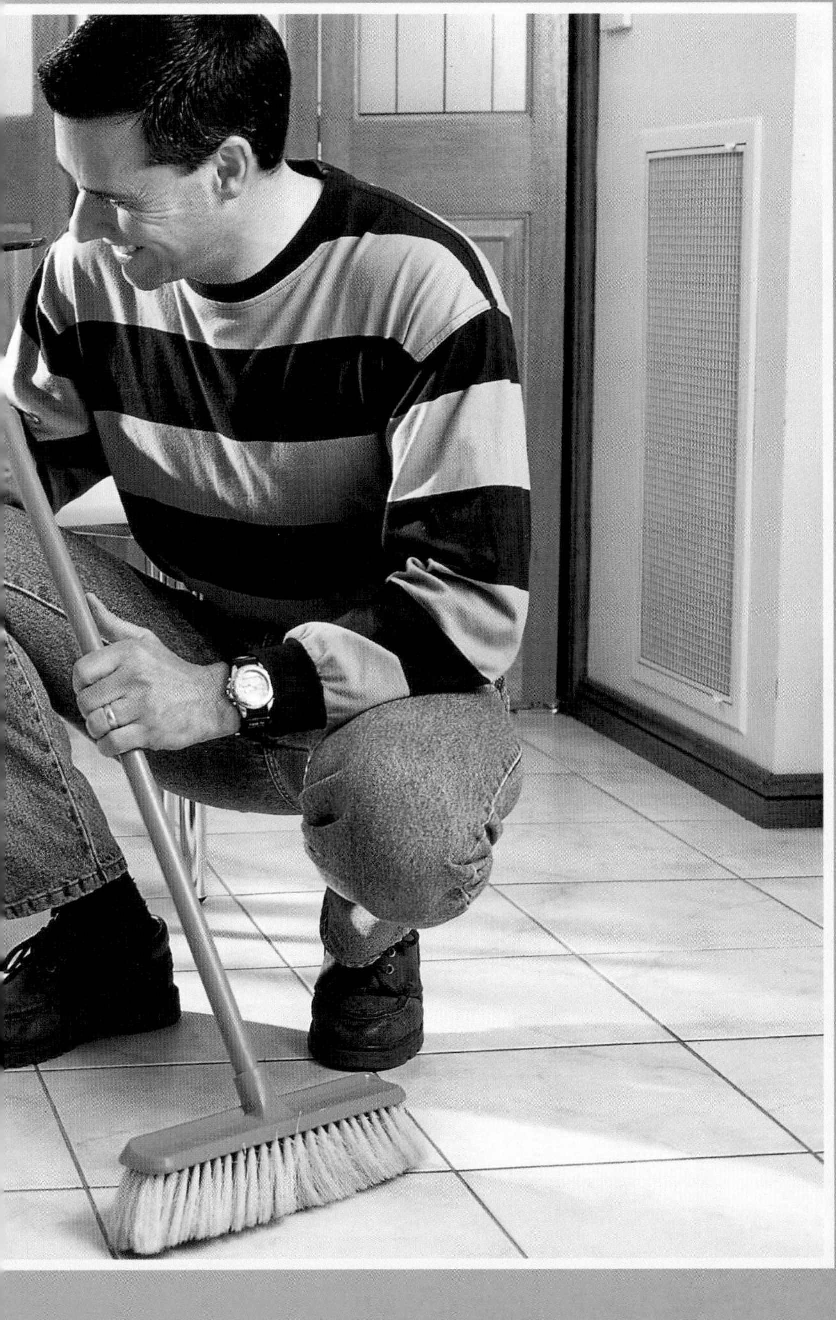

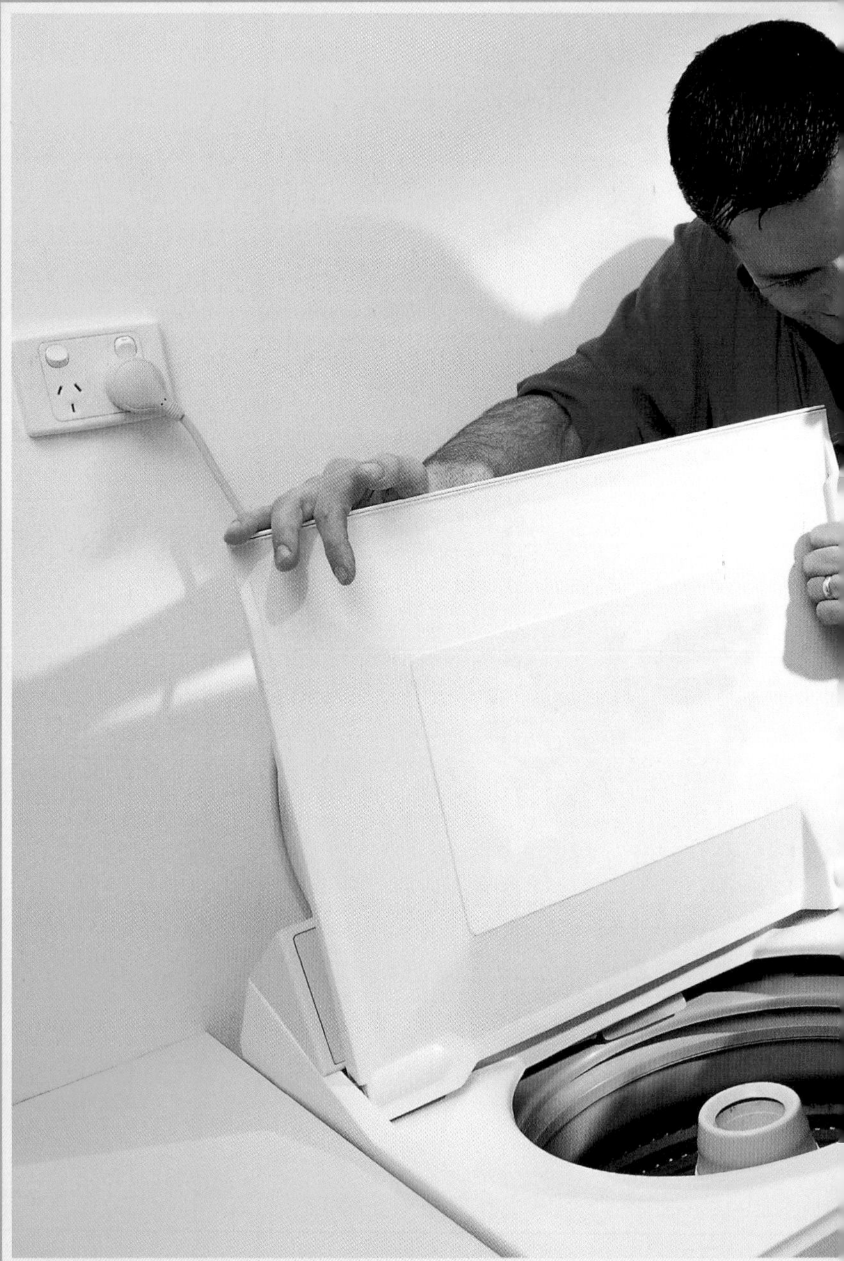

I help my dad.

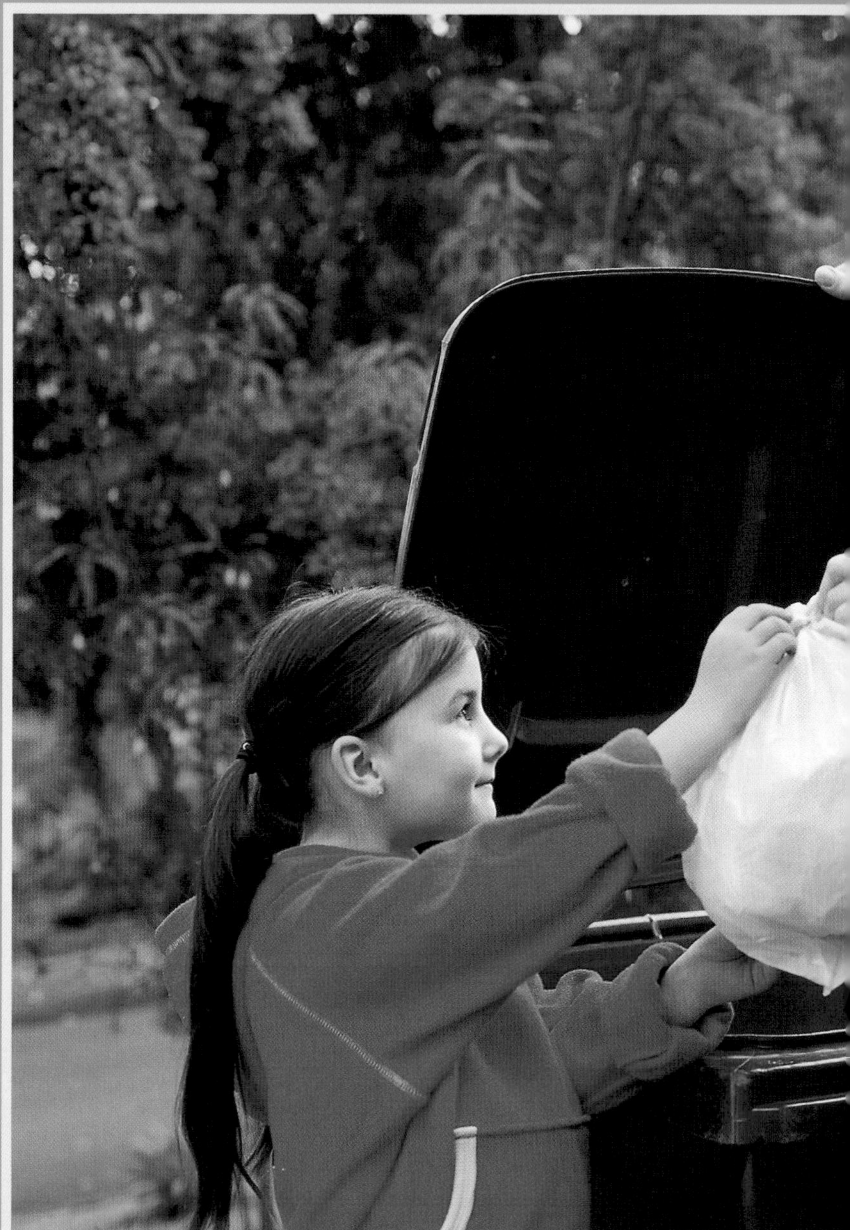

I help my dad.

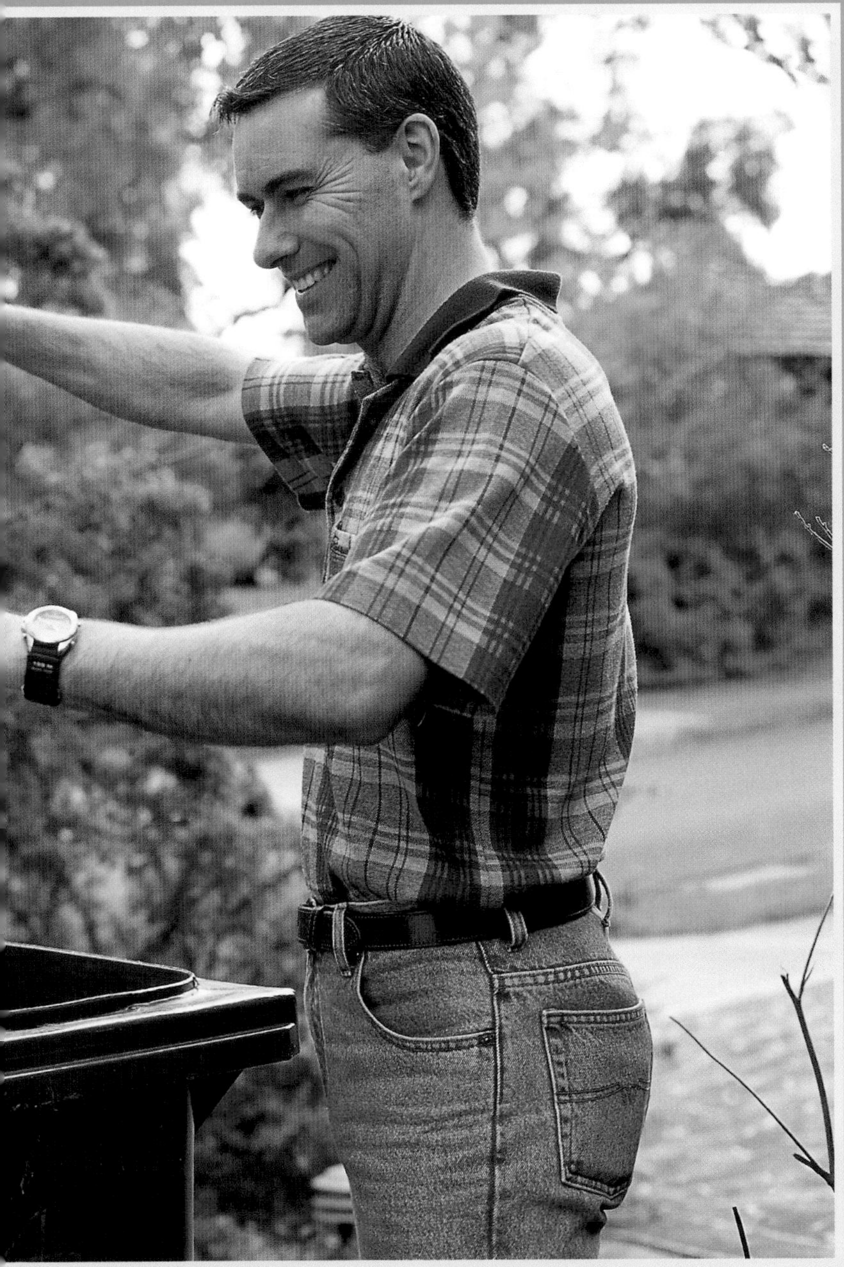

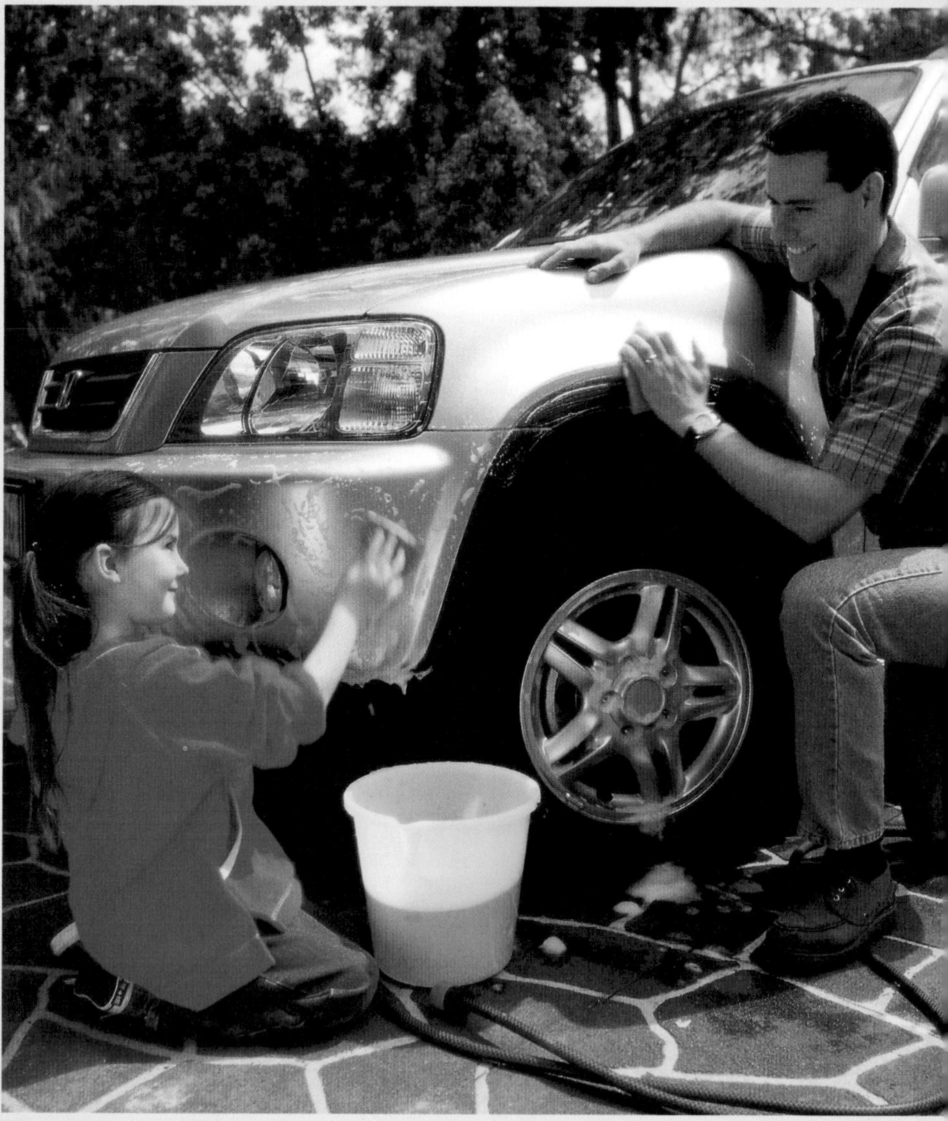

I help my dad.